UNA NOTA PARA LOS JÓVENES
DE UNO DE SUS AUTORES

En los Estados Unidos de América, tenemos la libertad de elegir nuestros líderes y hablar de las cosas que nos importan.

Ustedes, también, pueden ser líderes en su escuela, fe, comunidad y vecindario. Recuerden que siempre tienen valor y mucho para ofrecer. Al leer hoy, pueden cambiar el mundo positivamente y mañana pueden convertirse en un líder brillante.

¡Solo comiencen y nunca se den por vencidos!

Con mucho cariño y luz siempre,
Portia Bright Pittman

Copyright © 2020 Portia Bright Pittman and Calvin Mercer

Todos los derechos reservados. Ninguna porción de este libro podrá ser reproducida o almacenada en ningún sistema de recuperación, o transmitida en cualquier forma o cualquier medio—electrónico, mecánico, fotocopia, grabación u otro, sin la autorización previa de los autores, excepto en citas breves de reseñas impresas.

ISBN: 978-1-7349356-4-6 (Tapa rústica)
978-1-7349356-3-9 (Tapa dura)

LCCN: 2020910973

www.brightbooks.org

UN DÍA BRILLANTE EN EL CAPITOLIO DEL ESTADO
DEBERÍA HABER UNA LEY

Portia Bright Pittman

Dr. Calvin Mercer

Autores

Natalia Sepúlveda

Traductora

Harry Aveira

Ilustrador

UNA VISITA AL CAPITOLIO DEL ESTADO

—¿Mamá, puedes llevarnos a Martín y a mí a comer helado?

—Sí, Sra. Bright. Eliza tiene una buena idea. Quiero helado de crema de galletas y sirope de chocolate. –añade Martín.

—¡Y yo quiero de chocolate! –dice Eliza.

—¡Creo que quiero el delicioso helado de nueces y canela! –la Sra. Bright dice–. La verdad es que hay muchos sabores de helado diferentes. Podemos ir a comer helado, pero primero vamos a pasar el día donde yo trabajo, en la Asamblea General. El helado vendrá más tarde.

—¡Ay, mamá! Vamos a comer helado primero.

—No, Eliza. No podemos esta vez. Creo que encontrarán su visita a la Asamblea General muy interesante.

—¿Qué es una Asamblea General, Sra. Bright? –pregunta Martín.

—Es donde se hacen las leyes —dice Eliza orgullosamente—. Mi mamá es una legisladora.

—¿Qué es un legislador?

—Ella asiste a muchas reuniones y hace leyes —explica Eliza.

—Eso es correcto, Martín. Un legislador es un hacedor de leyes. La ley es una regla, similar a las reglas que tus padres tienen en tu casa. Vamos a ver cómo las leyes se hacen en nuestro estado. Si quisieras hacer una ley para todos en tu estado, ¿cuál sería? Piénsalo mientras vamos en camino. Ahora, agarren sus mochilas y vamos.

Mientras la representante Bright, la mamá de Eliza, conduce hacia el edificio del legislado, Eliza exclama:
—¡Mira Martín! Allí es donde se hacen las leyes.

Con los ojos bien abiertos, Martín mira a través de la ventana el edificio alto y blanco del capitolio, con el domo dorado y las banderas de los Estados Unidos de América ondeando al frente.

—Guau, Sra. Bright —Martín dice—. La verdad que es un edificio grande.

—Ella es la *representante Bright*, Martín. Ese es su nombre en esta excursión —dice Eliza orgullosamente.

—Buenos días, representante Bright —dice la policía, saludándolos a dentro de las grandes puertas doble.
—Y, ¿quiénes son estos dos jovencitos guapos?

—Oficial Davis, esta es mi hija, Eliza y su amigo, Martín. Martín está pasando el día con nosotros y vamos a ver cómo se hacen las leyes.

—¡Y después vamos a comer helado! —le dijo Eliza a la oficial Davis.

Martín se queda mirando más allá de la oficial Davis hacia el área restringida por unas sogas, con unas escaleras ascendentes con alfombra roja y barandas doradas.

Viendo la emoción de Martín, la representante Bright dice: —Esas escaleras bonitas suben a un cuarto especial llamado la galería. Iremos allí muy pronto, pero primero quiero presentarles a alguien antes que comience mi reunión.

ELABORACIÓN DE LEYES

La representante Bright iba caminando bruscamente a lo largo del pasillo, seguida por Eliza y Martín, cuando se detuvo al frente de una pared con fotos. Ella se voltea hacia Eliza y Martín y les dice: —Aquí hay algunos de los legisladores de años anteriores que han trabajado en la Asamblea General haciendo leyes.

—¡Guau! —Martín dice mirando las fotos de más de 200 años.

La representante Bright explica —Estos son algunos de los miembros de alto nivel de la Asamblea General, cómo el presidente del Senado pro tempore y el presidente de la Cámara de Representantes.

—Pero, mamá —Eliza dice, mirando confundida—. Yo no veo mucha gente que se ve como nosotras en las fotos.

—Sí —Martín dice—. Pero las personas de color también pueden hacer las leyes.

—Esa es una buena observación, Martín. Muchas personas han trabajado con empeño y sufrido mucho para que las personas de todas las razas tengan la oportunidad de ser legisladores. Si no hubiesen defendido sus creencias, yo no hubiese sido una legisladora hoy –representante Bright añade.

—OK, chicos, vamos a seguir. Hay leyes que tenemos que hacer.

La representante fue a su oficina donde la saluda un joven con un gabán y una corbata.

—Hola, representante Bright —dice él, volteándose después hacia Eliza—. Tú debes ser Eliza.

—¿Cómo sabes mi nombre? —Eliza preguntó.

—Tu mamá habla de ti todo el tiempo. Yo soy el asistente legislativo de tu mamá. Mi nombre es Benjamín.

—Oh —dice Eliza, con su cara radiante—. ¡Me encantaría tener un asistente! Necesito ayuda limpiando mi cuarto.

La representante Bright se ríe: —Este es el mejor amigo de Eliza, Martín. Martín vive en la misma calle de Eliza y han sido mejores amigos desde kínder, cuando empataron en la carrera de sacos de su clase. Martín está compartiendo el día con Eliza. Los dos han estado pensando en qué ley les gustaría pasar.

—Genial —dice Benjamín—. Vamos a aprender cómo podemos pasar una ley. Va a ser divertido. Pero, primero, debemos ir a una reunión importante de la mamá de Eliza con el comité.

—Bueno chicos, vamos. La reunión empieza en cinco minutos —dice la representante Bright agarrando los papeles de su escritorio.

Salieron por la puerta.

Benjamín, Eliza y Martín se sientan en la parte de atrás del salón de reuniones, mientras escuchan los legisladores hablar sobre las leyes que se van a hacer.

¡Crac! ¡Crac! ¡Crac! Eliza y Martín saltaron de sus asientos cuando oyeron un ruido como si fuera un bate golpeando una pelota de béisbol y después una voz alta dice:
—¡Reunión aplazada!

—Ese es el moderador concluyendo la reunión —explica Benjamín. Ahora, vamos a dirigirnos a la galería.

—¿Moderador? ¿Qué es un moderador? —pregunta Martín.

Benjamín les explica que un moderador es una persona encargada de una reunión.

La representante Bright los dirigió hacia las escaleras de caracol. Los dejó y subieron las escaleras hacia la galería.

—¿Qué es una galería? —pregunta Eliza—. Martín y ella miraban hacia abajo a una gran sala donde los legisladores estaban reuniéndose, mientras elegían un asiento al frente.

—La gallería es donde los invitados como nosotros podemos ver cómo hacen las leyes. Mira abajo —dijo Benjamín, apuntando.

—Allí está tu mamá —dice Martín.

¡Crac! ¡Crac! ¡Crac! —La reunión ahora va a estar en orden —una voz se oía al frente de la gran sala debajo de ellos—. Reunión en sesión. Por favor levántense para nuestra apertura.

Eliza y Martín, junto a los otros invitados, diligentemente se pusieron de pie con sus manos sobre sus corazones para el juramento de lealtad.

—Vamos a orar —un hombre anciano comenzó—. Por favor bendice a estos legisladores honorables mientras hacen estas leyes para proteger nuestra gente y traer prosperidad a nuestra tierra. Gracias por guiarnos en estos procedimientos. Amén.

Eliza se voltea hacia Benjamín y le dice: —Eso fue breve. En nuestra iglesia oramos unas oraciones muy largas.

Benjamín, explica con una sonrisa en su cara —Este es el gobierno del estado. No una iglesia. Hay muchas religiones representadas aquí. Esta oración es bastante general para incluir la fe de todos.

—Te refieres a esa señora —dice Eliza, apuntando al lado opuesto del salón.

—Sí, ella tiene un hiyab —dice Benjamín.

—¿Le pasó algo a su cabeza? —dice Martín.

—No —dice Eliza—. Un hiyab. Es una bufanda que algunas mujeres de la religión musulmana se ponen.

—Ah sí —dice Martín—. Vi a una niña con uno puesto en la escuela. Yo pensé que solo tenía frío. Un niño se burló de ella y ella empezó a llorar.

Benjamín desaprueba: —Siento escuchar eso. Hay mucho acoso en las escuelas.

21

Él continúa diciendo: —Tal vez ustedes no se cubren su cabeza en la iglesia, pero las mujeres musulmanas sí. Y los hombres judíos religiosos se ponen una pequeña gorra llamada kipá.

—Hay personas diferentes, al igual que hay diferentes sabores de helado —dice Eliza.

Benjamín asiente con la cabeza: —Tu mamá y otros legisladores hacen leyes para todas las personas en

nuestro estado, sin importar su religión o a que raza pertenecen.

—¡Esa fue la razón porque el Dr. Martin Luther King estaba luchando! —dice Eliza.

—Eso es correcto, Eliza. Él quería que todos fueran tratados justamente. Mira abajo y verán las diferentes razas, al igual que hombres y mujeres. Es como mezclar diferentes sabores de helado para hacer un batido.

—¡Mira! —exclama Martín—. Un joven caminando rápidamente a lo largo del piso de abajo. Es un niño. ¿Qué hace allá abajo? ¿Es un representante?

—Buen ojo Martín —dice Benjamín. Ese es un paje. Un paje es un estudiante de escuela superior, quien hace diligencias para los representantes. Ves, él está tomando nota para uno de los legisladores.

—Guau, ese trabajo se ve genial —dice Eliza.

—Es muy divertido. Si obtienes buenas notas y participas en tu escuela, en unos años podrás solicitar para ser un paje y ayudar hacer leyes.

—¿Cuándo vamos a poder aprender a hacer leyes? —pregunta Eliza.

—Bueno, mientras tu mamá y otros legisladores hacen las leyes, vamos a la tienda de refrigerios y allí les explicaré todos los pasos para hacer leyes.

REPRESENTANTES POR UN DÍA

Mientras toman asiento en una mesa con una soda y papitas, Benjamín los sorprende: —¿Cómo les gustaría ser representantes como la mamá de Eliza?

—Eso no es posible —dice Eliza—. Mamá ha tenido que trabajar mucho en su campaña y recibir muchos votos para ser una representante. ¿Quién nos va a elegir? ¡Solo somos niños!

Benjamín sonríe: —Yo lo haré. Elegiré a Eliza y a Martín, para que sean representantes por un día. Eso quiere decir que pueden pasar cualquier ley que deseen y les voy a decir cómo hacerlo. ¿Qué piensan?

—Genial —dice Eliza—. ¿Eso quiere decir que mi hermano tiene que hacer lo que yo diga?

—¡No estoy seguro de eso! —dice Benjamín, riéndose—. ¿Pues, qué ley quieren pasar?

Martín tiene una idea: —¿Qué tal si hacemos una ley para que los niños puedan tener helado gratis cuando quieran?

—¡Sí! —dice Eliza—. ¡Debería existir una ley! Y he estado pensando en el acoso de los niños en la escuela. ¿Qué les parece una ley también en contra del acoso?

—A mí me han acosado —dice Martín—. No es divertido. Debería haber una ley sobre eso también.

Benjamín sonríe: —Ustedes pueden hacer una ley que combine tanto la detención del acoso como los helados gratis.

—¡Yo votaría por eso! —dice Eliza.

—OK, necesitan saber algunas cosas antes de que su idea se convierta en una ley.

—Estoy lista —dice Eliza, con una sonrisa grande—. ¿Estás listo, representante Martín?

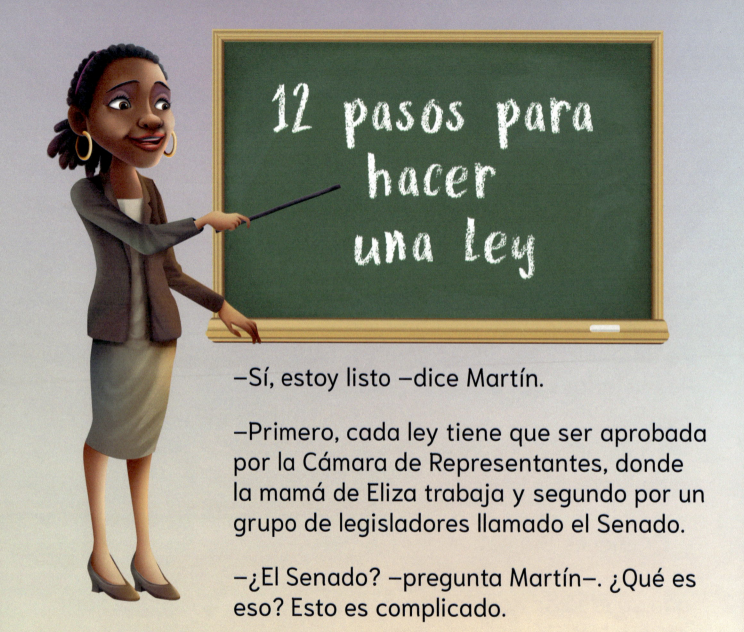

12 pasos para hacer una ley

—Sí, estoy listo —dice Martín.

—Primero, cada ley tiene que ser aprobada por la Cámara de Representantes, donde la mamá de Eliza trabaja y segundo por un grupo de legisladores llamado el Senado.

—¿El Senado? —pregunta Martín—. ¿Qué es eso? Esto es complicado.

—Puede serlo —dice Benjamín—. ¿Pero quieres hacer una ley? ¿Verdad? Tenemos que entender cómo funciona todo. La Asamblea General hace leyes y se compone de la Cámara de

Representantes y el Senado. Esto es un trabajo importante, porque las personas en tu escuela y comunidad deben seguir las leyes.

—Estoy lista. Vamos a hacer nuestra ley —dice Eliza.

—Ustedes dos representantes tienen una idea de prevenir el acoso y proveer helado gratis. Su idea tiene que pasar por 12 pasos antes de que se convierta en una ley. Pueden tener una ley contra el acoso y después pueden añadir la idea de helado gratis como una enmienda.

—¿Una enmienda? ¿Qué es eso? —dice Eliza.

—Una enmienda es algo que se le agrega a una ley. Por ejemplo, a la ley contra el acoso se le añade la enmienda del helado gratis.

—¿Qué quieres que diga nuestra ley contra el acoso? —pregunta Eliza.

—¡Yo sé! —dice Martín—. Si molestas a alguien, entonces no puedes ir al recreo por dos meses enteros.

—Y si lo haces de nuevo, no podrás participar en ninguna excursión —añade Eliza.

Benjamín asiente: —Eso suena bien. Vamos a pensar en un nombre para la ley de ustedes.

Martín tiene una idea: —Yo sé. Le podemos llamar la ley de 'No me pisotees'. Todos deben obedecerla.

LOS 12 PASOS PARA PASAR UNA LEY

—Ese es un buen nombre —dice Benjamín—. Me gusta. Ahora, su idea va a pasar por los 12 pasos. No hay garantía de que va a pasar los 12 pasos, pero vale la pena tratar. ¿Verdad?

Eliza y Martín asienten en acuerdo.

—El primer paso es hacer que su idea se escriba en un proyecto de ley —explica Benjamín.

—¿Un proyecto de ley? —dice Martín—. ¿Quieres decir como un proyecto de la escuela?

—No, Martín. Cuando pones la idea por escrito, se convierte en un proyecto de ley, ese es **EL PASO #1.** Escuchen cuidadosamente para no saltar ningún paso, o su idea no podrá ser ley.

—Después de escribirla, en **EL PASO #2** tendrán que entregarla a la Oficina del Fiscal, donde le darán un número. Recibir un número es **EL PASO #3.** No es muy difícil hasta ahora, ¿verdad?

Benjamín sabía que el hacer una ley era más difícil de lo que pensaban.

—**EL PASO #4** es divertido. El proyecto de ley de 'No me pisotees' se lee en el hemiciclo de la Cámara. Eso quiere decir que alguien lo lee en voz alta ante la Cámara de Representantes, la cual vimos desde la galería.

—Oh, qué bien —dice Eliza mostrando interés—. Me gusta esa sala.

—Muy bien —continua Benjamín—. Ustedes también van a tener que hablar con sus amistades en la legislatura para convencerlos de su idea. Es como cuando ustedes quieren convencer a sus amigos a que prueben su sabor de helado favorito.

—Podemos hacer eso —dice Eliza—. Tenemos amigos que no les gusta el acoso. ¿Qué hacemos después?

—Uno de sus amigos puede ofrecer la adición a su proyecto de ley, la enmienda, que los niños puedan tener helado gratis cuando quieran.

—Sí —dice Martín, asintiendo entusiásticamente—. A muchos de nuestros amigos les va a gustar la enmienda del helado.

—OK —dice Benjamín—. Su ley se está avanzando. Después, el proyecto de ley va ante un comité, como la reunión que observamos de tu mamá esta mañana. El comité da su opinión sobre el proyecto de ley y eso es el paso #5.

—¿A quién no le va a gustar este proyecto de ley? —pregunta Eliza, confundida.

—Sí, esperamos que este proyecto de ley sea muy popular —dice Benjamín—. En **LOS PASOS #6 Y #7**, el proyecto de ley se lee dos veces más en la Cámara de Representantes donde la mamá de Eliza trabaja.

—La verdad es que toma mucho trabajo hacer esto —dice Martín—. ¿Por qué tienen que leer el proyecto de ley tantas veces?

—Ellos lo leen varias veces porque todas las personas del este estado tienen que obedecer estas leyes. Es importante que este proyecto de ley esté correcto y poder darles suficiente tiempo a los legisladores para discutirlo y agregar las enmiendas —dice Benjamín.

—En **EL PASO #8**, se aseguran de que la mayoría de sus legisladores están de acuerdo con la enmienda del helado. Después el Senado aprueba el proyecto de ley, el cual es **EL PASO #9**.

—Oh, me olvidé del Senado —dice Eliza—. Espero que les guste el helado y no les guste el acoso.

—Ya casi tenemos una nueva ley. En **EL PASO #10**, es cuando la Cámara y el Senado votan por el proyecto y se envía al gobernador del estado. Si al gobernador le gusta el proyecto, él o ella lo firma, y ese es **EL PASO #11**.

—¿Qué es un gobernador? —pregunta Martín.

—El gobernador es como el presidente —explica Eliza—. Excepto que el gobernador ayuda a dirigir el estado.

—¿El gobernador es como el principal de nuestra escuela? —pregunta Martín.

—Sí, pero un estado es más grande que una escuela —dice Eliza.

—Espero que el gobernador le guste el helado —dice Martín.

—Mamá conoce al gobernador y nos puede ayudar —dice Eliza.

Benjamín sonríe: — Al fin, **EL PASO #12**, es cuando se le da a la ley un número. Así es como su proyecto de ley 'No me pisotees' con su enmienda de helado gratis puede convertirse en una ley.

—¡Mira, allí está mamá! —exclama Eliza, mientras la representante Bright se dirige a la tienda de refrigerios.

—Llegas a tiempo, representante Bright, ha sido un día brillante en el Capitolio del estado —dice Benjamín sonriendo.

—Acabamos de aprender cómo los proyectos de ley pasan a ser leyes —dice Martín.

—Parece que han tenido un día bastante ocupado. Soy toda oídos —dice ella, trayendo una silla a la mesa.

—Mamá, estamos pasando una ley en contra del acoso —dice Eliza.

—Es la ley 'No me pisotees' y le vamos a agregar una enmienda que da helado gratis a cualquier niño que quiera —añade Martín.

—Quiero escuchar todo sobre ustedes dos legisladores. ¿Qué tal si me dicen lo que han aprendido de camino a la tienda de helados?

Eliza y Martín saltaron de sus asientos y agarraron sus mochilas.

—Mamá, estoy lista para comer helado —dice Eliza.

—¡Crema de galletas y sirope de chocolate! —Martín con entusiasmo accede.

—Crema de galletas y sirope de chocolate y vainilla para mí. ¡Quiero muchos sabores diferentes! —añade Eliza.

—No puedo esperar hasta nuestra próxima aventura —dice Martín.

FIN

NO SE PERMITEN ACOSADORES MÁS ALLÁ DE ESTE PUNTO

TUS AUTORES

Portia Bright Pittman

Portia ha servido como asistente legislativo para legisladores en el Senado y la Cámara de Representantes de Carolina del Norte. Ella comenzó en la política al administrar una campaña con mucho éxito de la Cámara para el representante Jean Farmer–Butterfield en Carolina del Norte y una campaña del concilio de la ciudad para su coautor. Expresa su pasión por los jóvenes al ayudarlos a entender cómo funciona el gobierno. Portia dirige programas del proceso legislativo para escuelas, comunidades de fe y grupos cívicos. Para más detalles la puedes contactar a brightbooks@brightbooks.org.

Calvin Mercer, PhD

Profesor de Religión en la Universidad del Este de Carolina, el Dr. Mercer ha escrito extensamente sobre la Biblia y otros temas de religión. Su pasión es ayudar a comunidades de fe y otros grupos entender como la inteligencia artificial, la robótica y la ingeniería genética y otras tecnologías innovadoras van a cambiar nuestros cuerpos, emociones y mentes. El Dr. Mercer ha servido una década en Greenville, NC, el concilio de la ciudad y trabaja para motivar a los ciudadanos a participar en su gobierno. El habla de muchos temas en sus libros y sirve de voluntario en el ministerio de jóvenes de su esposa en su iglesia. Se puede contactar a mercerc@ecu.edu.

PALABRAS EN TU LIBRO

Hemos señalado las palabras en **negrita** y <u>subrayadas</u> en la lista, por si gustas consultarlas.

ENMIENDA: Una adición a un **proyecto de ley** para llegar a ser <u>ley</u>. Eliza y Martín aprenden a crear una <u>ley</u> en contra del acoso con una **enmienda** de helado gratis para niños.

PROYECTO DE LEY: Una ley potencial es llamada un **proyecto**, mientras que los <u>legisladores</u> lo pasan por 12 pasos.

CAMPAÑA: El arduo trabajo de un grupo de personas para motivar a otras a que <u>voten</u> de una manera u otra. La mamá de Eliza había hecho una campaña para ser una **representante**.

CAPITOLIO: El edificio donde los **legisladores** se reúnen para hacer <u>leyes</u>. Allí es donde la **representante** Bright trabaja.

MODERADOR: Es la persona encargada de un **comité** que sugiere ideas para <u>leyes</u>. El **moderador** es el que golpea el **martillo** en la mesa para obtener la atención de las personas en el **comité**.

COMITÉ: Un grupo de personas que, en tu libro, sugieren ideas para las <u>leyes</u>.

GALERÍA: El cuarto donde Eliza, Martín y los otros visitantes del **Capitolio** se sientan a observar la **representante** Bright y los otros <u>legisladores</u> a hacer <u>leyes</u>.

MARTILLO: Es un pequeño martillo de madera que el **moderador** del **comité** golpea en la mesa para obtener la atención de todos.

ASAMBLEA GENERAL: Es un grupo grande de todos los **legisladores** que hacen **leyes** para tu **estado**.

GOBERNADOR: El jefe del **estado**. El **gobernador** es como el presidente de los Estados Unidos de América, excepto que los **estados** son más pequeños.

CÁMARA DE REPRESENTANTES: La **Cámara de Representantes** es uno de dos grupos de **legisladores** que compone la **Asamblea General**.

LEY: Una **regla**. Toma un largo tiempo y mucho trabajo cuando los **legisladores** hacen las reglas para tu **estado**.

LEGISLACIÓN: Otra palabra para leyes que son hechas por **legisladores** como la **representante** Bright.

ASISTENTE LEGISLATIVO: Una persona trabajadora que ayuda a los representantes a hacer buenas **leyes** para tu **estado**.

LEGISLADOR: Una persona que hace **leyes** en tu **estado**.

MARTIN LUTHER KING, JR.: Un héroe que luchó para que las **leyes** fueran justas y protegieran a todos.

PAJE: un estudiante de la escuela superior que trabaja en el **Capitolio del estado**, ayudando a los legisladores hacer buenas **leyes** para tu **estado**. Cuando Eliza y Martín miraron a la parte de abajo de la **galería**, vieron un **paje** haciendo diligencias para los **legisladores**.

PRESIDENTE PRO TEMPORE: El **Presidente Pro Tempore**, también es conocido como el líder del **Senado**. Esta persona dirige las reuniones y tiene mucho poder e influencia en cuáles **leyes** son hechas.

OFICINA DEL FISCAL: Aquí es donde los **proyectos de leyes** pueden convertirse en **leyes** si le apuntan un número oficial, para que entonces los **legisladores** puedan **votar** por ellos.

SENADO: El **Senado** es uno de dos grupos de los **legisladores** que componen la **Asamblea General**, el grupo grande que hace las **leyes** para tu **estado**.

PRESIDENTE DE LA CÁMARA: El **presidente** de la Cámara es el líder de la Cámara de **Representantes**. Esta persona dirige las reuniones y tiene mucho poder e influencia en cuales **leyes** son hechas.

ESTADO: En los Estados Unidos de América, a veces conocido como "EE. UU." En el cual hay 50 **estados**.

VOTAR: Elegir algo. Los **legisladores** votan por algunos **proyectos de leyes** para que se conviertan en leyes. Asimismo, muchas personas votaron por la mamá de Eliza para que fuera una **representante**.

UNA GRAN ORACIÓN DIVERTIDA

En tu **Capitolio del estado**, después de mucho trabajo en **comités** y con la ayuda de **los asistentes legislativos**, los **proyectos de leyes** se convierten en **leyes** –as cuales son reglas– con **enmiendas**, cuando los **legisladores** en la **Cámara de Representantes** y el **Senado**, que componen la **Asamblea General**, se reúnen en la **galería** para votar.

¿Puedes hacer otras oraciones usando estas palabras del vocabulario?

MENCIONES

"¡Me encantó este libro! Me hubiese gustado haber tenido acceso a este libro cuando era maestra de estudios sociales de cuarto grado y necesitaba una manera más realística para explicar las leyes y los procesos legislativos. El día termina con un viaje prolongado para buscar helado y el lector casi puede saborear el delicioso postre con una divertida enseñanza. La mezcla de mensajes en contra del acoso hace que haya una enseñanza sutil de los efectos negativos del acoso".

Dra. Patricia Anderson, Profesora de Educación Primaria, Universidad del Este de Carolina

"Las ilustraciones les dan vida a los personajes. Este libro señala los estereotipos y es inclusivo de diferentes razas, culturas, religiones y género. ¡Es excelente como recurso educativo para enseñar sobre el gobierno del estado y provee una oportunidad para que los estudiantes reflexionen sobre los problemas actuales que pueden ser pasados a una ley mientras se enfocan en un vocabulario de gobierno esencial! ¡Bien hecho! ¡Estoy emocionada por ver este libro en los salones de clase!"

Beth Uffers, NVCT, Maestra del Año del Condado.

"Este libro interesante e informativo simplifica los 12 pasos del proceso legislativo para que los niños (y adultos) puedan entender la terminología con más claridad y ver la complejidad envuelta en la formulación de leyes de los estados. Los maestros de estudios sociales y padres que instruyen en casa podrán encontrar este libro útil y ¡deberían prepararse para servir helado después de compartirlo con sus estudiantes!"

Dalene Parker, Ed.D, NBCT E

¡GRACIAS!

Suscríbete para enterarte de descargas gratis, nuevos productos, especiales, eventos y más. También puedes programar una visita escolar o patrocinar tu escuela con copias del libro.

Visita nuestra página web a
www.brightbooks.org

Made in the USA
Columbia, SC
26 July 2024